¡Conocimiento a tope!

Ingeniería en todas partes

Haciendo pruebas con modelos

Robin Johnson

Traducción de Pablo de la Vega

CRABTREE
PUBLISHING COMPANY
WWW.CRABTREEBOOKS.COM

Objetivos específicos de aprendizaje:
Los lectores:

- Identificarán las razones dadas por la autora para explicar por qué probar modelos es muy importante para los ingenieros.

- Describirán distintos tipos de modelos, incluyendo dibujos, diagramas y modelos con partes móviles.
- Explicarán cómo los modelos ayudan a los ingenieros a encontrar las mejores soluciones.

Palabras de uso frecuente (primer grado)	Vocabulario académico
cómo, con, esta/este/esto/estas/estos, puede(n), son, un	artificial, diagrama, dibujo, energía, materiales, pensamiento creativo, plano, robot, turbina de viento

Estímulos antes, durante y después de la lectura:

Activa los conocimientos previos y haz predicciones:
Pide a los niños que lean el título del libro y miren las imágenes de la tapa y la portada. Intercambia puntos de vista con ellos sobre sus pensamientos acerca de lo siguiente:

- ¿Qué es un modelo? ¿Para qué se usa? ¿Quién lo usa?

- ¿A qué se parece el modelo de la tapa?

- ¿Qué modelo ves en la portada? ¿En qué es diferente del modelo de la tapa?

Durante la lectura:
Después de leer la página 11, atrae la atención de los niños hacia las imágenes. Pídeles que consideren cómo ambos modelos muestran lo mismo de distintas maneras.

Haz preguntas de estímulo como:

- ¿En qué son diferentes los modelos? ¿En qué se parecen? ¿Qué aspecto de la montaña muestra cada modelo? ¿Qué modelo funciona mejor?

Después de la lectura:
Pide a los niños que hagan una lista de los diferentes tipos de modelos mencionados en el libro. En un cartel didáctico, anota dos características de cada tipo de modelo.

Haz que los niños reflexionen sobre la importancia de probar modelos de distintas soluciones. Agrega «Razones para probar modelos» en el cartel didáctico.

Author: Robin Johnson

Series development: Reagan Miller

Editor: Janine Deschenes

Proofreader: Melissa Boyce

STEAM notes for educators: Janine Deschenes

Guided reading leveling: Publishing Solutions Group

Cover and interior designs: Samara Parent

Photo research: Robin Johnson and Samara Parent

Translation to Spanish: Pablo de la Vega

Edition in Spanish: Base Tres

Photographs:
Alamy: Sergey Nivens: p. 8
Getty: Mark Gail/The Washington Post: p. 9
iStock: Steve Debenport: cover
Shutterstock: Lano Lan: p. 7 (t)
All other photographs by Shutterstock
Print coordinator: Katherine Berti
Printed in the U.S.A./102020/CG20200914

Library and Archives Canada Cataloguing in Publication

Title: Haciendo pruebas con modelos / Robin Johnson ; traducción de Pablo de la Vega.
Other titles: Testing with models. Spanish
Names: Johnson, Robin (Robin R.), author. | Vega, Pablo de la, translator.
Description: Series statement: ¡Conocimiento a tope! Ingeniería en todas partes | Translation of: Testing with models. | Includes index. | Text in Spanish.
Identifiers: Canadiana (print) 20200297856 |
Canadiana (ebook) 20200297864 |
ISBN 9780778783381 (hardcover) |
ISBN 9780778783466 (softcover) |
ISBN 9781427126344 (HTML)
Subjects: LCSH: Engineering models—Juvenile literature. |
LCSH: Models and modelmaking—Juvenile literature. |
LCSH: Engineering—Juvenile literature.
Classification: LCC TA177 .J6418 2021 | DDC j620.001/1—dc23

Library of Congress Cataloging-in-Publication Data

Names: Johnson, Robin (Robin R.), author. | Vega, Pablo de la, translator.
Title: Haciendo pruebas con modelos /traducción de Pablo de la Vega ; Robin Johnson.
Other titles: Testing with models. Spanish
Description: New York, NY : Crabtree Publishing Company, [2021] | Series: ¡Conocimiento a tope! Ingeniería en todas partes | Translation of: Testing with models.
Identifiers: LCCN 2020033126 (print) |
LCCN 2020033127 (ebook) |
ISBN 9780778783381 (hardcover) |
ISBN 9780778783466 (paperback) |
ISBN 9781427126344 (ebook)
Subjects: LCSH: Engineering models--Juvenile literature.
Classification: LCC TA177 .J6413 2021 (print) | LCC TA177 (ebook) |
DDC 620/.0044--dc23

Índice

Crabtree Publishing Company

www.crabtreebooks.com   1-800-387-7650

Copyright © **2021 CRABTREE PUBLISHING COMPANY**. All rights reserved. No part of this publication may be reproduced, stored in a retrieval system or be transmitted in any form or by any means, electronic, mechanical, photocopying, recording, or otherwise, without the prior written permission of Crabtree Publishing Company. In Canada: We acknowledge the financial support of the Government of Canada through the Canada Book Fund for our publishing activities.

Published in Canada
Crabtree Publishing
616 Welland Ave.
St. Catharines, Ontario
L2M 5V6

Published in the United States
Crabtree Publishing
347 Fifth Ave
Suite 1402-145
New York, NY 10016

Published in the United Kingdom
Crabtree Publishing
Maritime House
Basin Road North, Hove
BN41 1WR

Published in Australia
Crabtree Publishing
Unit 3 – 5 Currumbin Court
Capalaba
QLD 4157

¿Qué es un modelo?

¿Alguna vez has jugado con una casa de muñecas o un auto de juguete? Ambos son modelos. Un modelo es una **representación** de un objeto real. Eso significa que un modelo puede ocupar el lugar de otra cosa.

Los modelos son con frecuencia más pequeños que los objetos reales.

¡Algunos modelos son divertidos!

No podemos visitar los planetas, ¡pero podemos hacer modelos para verlos de cerca!

Los modelos nos ayudan a aprender

Podemos usar modelos para ayudarnos a aprender. Los modelos nos muestran cómo se ven las cosas y cómo funcionan. Nos muestran las distintas partes de un objeto.

Esta estudiante hizo un modelo de un edificio. Ve cómo sus partes, el techo y las paredes, están distribuidas.

Estas estudiantes están usando un modelo para ver cómo funciona un auto de juguete.

Este niño está usando un globo terráqueo para encontrar países alrededor del mundo. Un globo terráqueo es un modelo de la Tierra.

Los ingenieros usan modelos

¡Los modelos también ayudan a los ingenieros a aprender! Los ingenieros son personas que usan las matemáticas, la ciencia y el **pensamiento creativo** para resolver problemas. Hacer y probar modelos es una parte importante del proceso de resolución de problemas.

Los puentes resuelven el problema de cómo cruzar sobre el agua. Antes de que un ingeniero construya un puente, hace un modelo para planear cómo se verá y funcionará.

Los ingenieros prueban modelos para asegurarse de que funcionan correctamente. ¡El modelo de este puente no pasó la prueba! El ingeniero arreglará el modelo y lo probará de nuevo.

Muchos modelos

Hay muchos tipos de modelos. Algunos modelos son objetos con diferentes formas y **materiales**. Otros modelos son dibujos. Podemos usar distintos tipos de modelos para representar lo mismo.

Muchos modelos son hechos en el computador.

Estos niños están
haciendo un modelo
de una montaña.
Es un objeto hecho
de distintas formas
y materiales.
Muestra cómo se
ve una montaña.

Este dibujo es también
un modelo. Muestra
dónde, en un área, se
encuentran montañas
y árboles de verdad.

Todo es igual

En cierto sentido, todos los modelos son iguales. Los modelos muestran cómo se ven o funcionan cosas reales. Muestran cómo está distribuida cada una de sus partes. Los modelos muestran áreas que pueden ser mejoradas.

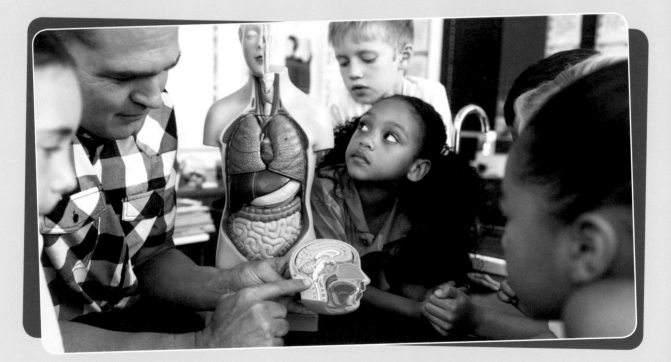

Este modelo ayuda a los estudiantes a aprender cómo son las distintas partes del cuerpo humano. También les ayuda a entender cómo están distribuidas.

Este ingeniero está usando un modelo para hacer una
pierna **artificial**. Probará la pierna para ver cómo funciona.
La prueba mostrará qué partes deben ser mejoradas.

Encuentra las diferencias

Los modelos también son diferentes en ciertos sentidos. Los dibujos y los **diagramas** pueden tener etiquetas que nombran o explican partes. Otros modelos pueden tener partes móviles.

Este diagrama muestra cómo podemos obtener **energía** del viento.

techo

turbina de viento

ventana

puerta

energía

Este modelo muestra cómo también podemos obtener energía del viento. Tiene partes que se mueven. Muestra cómo dan vuelta algunas de las partes de una turbina de viento cuando sopla el viento.

Los modelos son herramientas

Los modelos son herramientas importantes para los ingenieros. Los ingenieros usan modelos para hacer planes. Usan modelos para probar sus **diseños**. También usan modelos para mostrar y explicar sus ideas.

Las herramientas son cosas que nos ayudan a hacer trabajos. Los ingenieros necesitan modelos para hacer su trabajo.

Esta ingeniera comparte un plano con otros. Un plano es un modelo que muestra las partes de un edificio.

Estos ingenieros están haciendo un modelo para planear un edificio alto.

Rehaciendo el robot

Un equipo de ingenieros quería hacer un robot que caminara. Usaron modelos para planear y probar sus diseños. Eligieron el mejor modelo. Luego lo mejoraron.

Los ingenieros usaron diagramas para ayudarse a planear el robot.

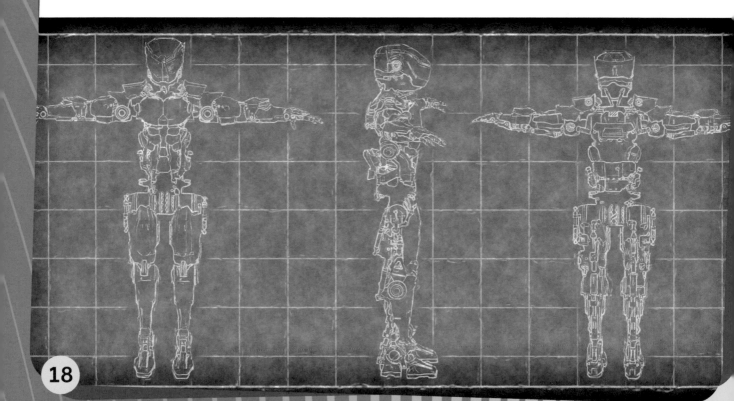

Los ingenieros probaron este modelo para asegurarse de que se moviera bien.

Los ingenieros encontraron un problema y arreglaron el modelo.

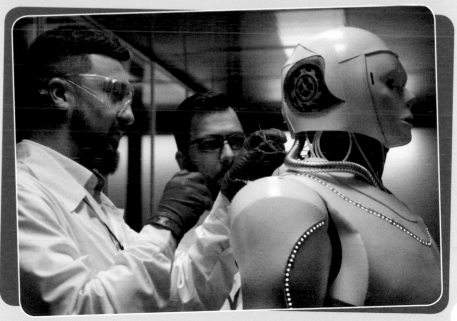

Diseños para la diversión

Otro equipo de ingenieros quería hacer un nuevo jardín de juegos. Usaron modelos para probar distintos diseños, formas y materiales.

Los ingenieros hicieron dibujos para planear el diseño del jardín de juegos.

Los ingenieros diseñan jardines de juegos con materiales fuertes y
seguros. ¡Los ingenieros trabajan duro para que nos divirtamos!

Palabras nuevas

artificial: adjetivo. Hecho por humanos.

diagramas: sustantivo. Dibujos que muestran las partes de un objeto y cómo funciona.

diseños: sustantivo. Los primeros modelos o dibujos de algo.

energía: sustantivo. El poder para hacer algún trabajo.

materiales: sustantivo. Cosas de las que algo está hecho

pensamiento creativo: sustantivo. Uso de la mente para inventar ideas nuevas y originales.

representación: sustantivo. Algo que se parece u ocupa el lugar de un objeto real.

turbina de viento: sustantivo. Una máquina que es movida por el viento para crear energía.

Un sustantivo es una persona, lugar o cosa.

Un verbo es una palabra que describe una acción que hace alguien o algo.

Un adjetivo es una palabra que te dice cómo es alguien o algo.

Índice analítico

Sobre la autora

Robin Johnson es una autora y editora independiente que ha escrito más de 80 libros para niños. Cuando no está trabajando, construye castillos en el aire junto a su marido, quien es ingeniero, y sus dos creaciones favoritas: sus hijos Jeremy y Drew.

Para explorar y aprender más, ingresa el código de abajo en el sitio de Crabtree Plus.

www.crabtreeplus.com/fullsteamahead

Tu código es: **fsa20**

(página en inglés)

Notas de STEAM para educadores

¡Conocimiento a tope! es una serie de alfabetización que ayuda a los lectores a desarrollar su vocabulario, fluidez y comprensión al tiempo que aprenden ideas importantes sobre las materias de STEAM. *Haciendo pruebas con modelos* ayuda a los lectores a aprender a identificar las razones que un autor da para respaldar sus afirmaciones. Los lectores identificarán cómo la autora respalda la idea de que probar los modelos es importante para los ingenieros. La actividad STEAM de abajo ayuda a los lectores a expandir las ideas del libro para el desarrollo de habilidades de ingeniería, artísticas y tecnológicas.

Explorando tipos de modelos

Los niños lograrán:
- Crear dos diferentes modelos que muestren la misma solución.
- Probar los modelos y usar videos para documentar el proceso de prueba.

Materiales
- Hoja de trabajo modelo.
- Aparato que pueda grabar video.

Guía de estímulos
Después de leer *Haciendo pruebas con modelos*, pregunta a los niños:
- ¿Qué es un modelo?
- ¿Por qué usan modelos los ingenieros? ¿Cómo les ayudan a encontrar soluciones?
- ¿Pueden nombrar algunos de los tipos de modelos mencionados en el libro?

Actividades de estímulo
Explica a los niños que crearán diferentes tipos de modelos que llegarán a una solución generada por la clase. Primero, plantea a los niños un escenario. Usa el siguiente escenario o trabaja con cualquier tema que esté siendo discutido en clase.

- Juana trae su almuerzo a la escuela en una lonchera. Pero cada vez que la abre a la hora del almuerzo, ¡descubre que el jugo aplastó el sándwich! Ayuda a Juana a diseñar una solución.

Divide a los niños en grupos. Cada grupo hará una lluvia de ideas de posibles soluciones al problema y escogerá la mejor solución. Guía a los niños durante esta etapa. Luego, entrega a cada grupo la hoja de trabajo modelo. Cada grupo debe crear un modelo en papel (un dibujo o un diagrama) y un modelo físico (uno con o sin partes móviles) que muestre su solución.

Usa el aparato de grabación de video para grabar a cada grupo presentando su dibujo o diagrama, y probando su modelo físico. Pregunta a cada grupo cómo cada modelo les ayuda a compartir la solución con otros. ¿Algunos modelos funcionan bien para ciertos propósitos? Organiza un día para que los niños vean los videos y opinen sobre qué soluciones funcionaron mejor.

Extensiones
Pide a cada grupo que presente su estructura a la clase. Pídeles que expliquen sus ideas, sus razones para escoger la solución que eligieron y cualquier mejora que pudieran hacer.

Para ver y descargar la hoja de trabajo, visita **www.crabtreebooks.com/resources/printables** o **www.crabtreeplus.com/fullsteamahead** (páginas en inglés) e ingresa el código **fsa20**.

¡Conocimiento a tope!

¡Conocimiento a tope! introduce a primeros lectores a las materias del área de STEAM: Ciencia, Tecnología, Ingeniería, Artes y Matemáticas. Cada título contiene una actividad que muestra cómo las materias del área de STEAM se conectan entre sí.

Haciendo pruebas con modelos

Lee cómo hacer pruebas con modelos de pequeño tamaño ayuda a los ingenieros a descubrir errores, hacer mejoras ¡y encontrar la mejor solución posible!

Un código en la parte final del libro te da acceso al Laboratorio de Descubrimientos del Estudiante en el sitio: **www.crabtreeplus.com /fullsteamahead**

¡Las actividades hacen del aprendizaje algo divertido!

CRABTREE Plus

CRABTREE
PUBLISHING COMPANY
WWW.CRABTREEBOOKS.COM

ISBN 978-0-7787-8346-6

U.S.A.   7.95   Lectura
Canada 8.95   guiada: G

9 780778 783466

50795